AF232007

MOISE ET JÉSUS-CHRIST

CHEZ

LES JOURNALISTES RÉVOLUTIONNAIRES

ET

LE PAPE AU SÉNAT

PAR H. SABATIER

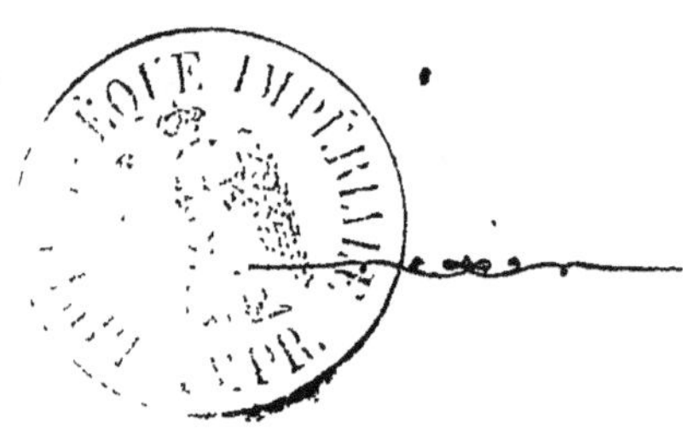

PARIS

CHARLES DOUNIOL, LIBRAIRE-ÉDITEUR

Rue de Tournon, 29

1862

MOISE ET JÉSUS-CHRIST

Hommes de liberté, vous avez tort de toucher, comme vous faites, à un enfant que les flots mêmes du Nil respectèrent; à un enfant sauvé, nourri par des mains royales, et dont l'âme, grandie, brûla à la vue de la servitude des descendants de Jacob; vous avez tort d'oser vous comparer à ce puissant Moïse qui alla sur la montagne demander asile à Dieu; en reçut les tables de la loi et l'ordre de mettre un désert de quarante ans entre la tente de son peuple et des pyramides qui, bientôt après, ne régnèrent que sur le silence; à cet ardent élu du ciel, pour qui Dieu suspendit les flots, en fit, dans l'air, des réservoirs immenses, capables d'engloutir les armées, l'impiété et l'ingratitude de tous les rois oublieux de la piété des Joseph.

O hommes de liberté! vous êtes mille et mille fois coupables d'oser vous comparer au Fils de Marie; à celui qui, avant de naître, faisait déjà trembler le colosse armé de l'occident; et qui, après avoir bien fécondé, dans le cœur de quelques ignorants, une seule parole, source unique de grandeur, d'union et de liberté, Dieu, n'ajouta, pour donner la conquête du monde à sa parole, que ces mots : Allez ! et mourez pour la vérité !

Ah ! nous verrons jusqu'où vous irez, après avoir essayé de vous faire les égaux de Moïse et de Jésus-Christ, en les appelant de votre nom de révolutionnaires, et en niant leur autorité divine;

Nous verrons si vous ne serez pas forcés de nier Dieu et de descendre jusqu'à l'abîme, tout en vous proclamant les uniques représentants de l'avenir et du progrès ;

Nous verrons à quel genre, à quelle espèce appartiendront les moyens que vous serez forcés d'employer pour arriver à renverser les fondements de toute société, de tout mérite, de toute vie, de toute espérance ; et toujours au nom du bonheur de l'humanité ; et toujours aussi, je le sais bien, dans l'espérance de récrépir ensuite, à votre manière, et selon des intérêts mieux entendus, tant et de si effroyables ruines ! Ah ! pauvres que vous êtes !

Exemple de genre tiré de l'article : *la Révolution*, signé Louis Jourdan, du *Siècle*.

« .... Est-ce que Moïse n'était pas un révolutionnaire ? est-ce que Jésus-Christ n'était pas un révolutionnaire ?...

« Mais, nous dit-on : « Dans la bouche de nos premiers pasteurs, le mot révolution signifie la révolte érigée, en principe, contre l'autorité établie de Dieu pour enseigner aux hommes la piété et la justice. »

« Nous avouons ne pas *connaître* et nous ne reconnaissons pas d'autorité établie de Dieu. »

Voilà qui est digne et respectueux ; quelles paroles !

Dans les deux dernières lignes surtout, chaque mot se redresse comme la petite tête hideuse d'un serpent : et on ne doute pas qu'un million de lecteurs, mis en présence de ces quelques tristes et malheureuses lignes, n'arrive à faire le tout petit raisonnement, tant désiré, que voici :

Puisque M. Louis Jourdan nous dit que Moïse et Jésus-Christ étaient des révolutionnaires ; que les pasteurs seuls soutiennent que la révolution est l'ennemie de l'autorité établie de Dieu, objection à laquelle le même Louis Jourdan, parlant au nom de tous les révolutionnaires, a répondu par cette affirmation si claire, si nette et si précise :

« Nous avouons ne pas *connaître* et nous ne reconnaissons pas d'autorité établie de Dieu ; »

Il est bien évident que nous, lecteurs assidus du journal *le Siècle*, nous pouvons parfaitement extraire des paroles de M. Louis Jourdan le syllogisme suivant :

Moïse et Jésus-Christ étaient des révolutionnaires ; or, les révolutionnaires ne croient pas à l'autorité divine ; donc Moïse et Jésus-Christ n'y ont pas cru.

Voilà des filets bien tendus, et, en attendant sa dernière heure, les délices de celui qui les a fabriqués se mesurent à la quantité de poisson pris. C'est bien !

Toi que le travail accable, et qui lis sans jamais avoir le temps de réfléchir, comme ils te traitent, dans ta dignité, ô peuple, ceux qui n'adressent presque jamais de parole à ton cœur, sans en avoir préalablement renversé le sens !

Veux-tu ne pas suivre ceux qui seraient convaincus à tes yeux d'erreur ou de mensonge ?

Écoute alors, un instant avec attention, ce que va dire aux révolutionnaires, et en commençant par M. Louis Jourdan, du *Siècle,* un de tes compagnons de travail qui, depuis vingt ans, veille dans une mansarde, et qui veut, avant tout, pour lui et pour toi, la vérité.

Mais, monsieur le rédacteur, quand vous rappeliez l'objection sortie de la bouche de nos premiers pasteurs, vous ne saviez donc pas que cette objection était tirée elle-même de l'histoire sacrée, de l'histoire de Moïse et de Jésus-Christ, histoire devant laquelle ceux qui sont réellement grands se trouvent bien petits ? vous ne saviez donc pas que tout retentit encore des prodiges de Jésus-Christ ? comment ! vous ne connaissiez pas même les commandements de Dieu ; vous ne saviez pas que c'est bien à Moïse que Dieu les donna sur le mont Sinaï, et que c'est bien Moïse lui-même qui l'atteste ? comment ! vous ne pouviez pas prévenir, au moins, vos lecteurs de cette difficulté ? ne pouviez-vous pas leur dire que Moïse et Jésus-Christ défendent de toucher à leur autorité divine, et écrasent de leur parole tous ceux, surtout, qui veulent, pour cela, se servir de leur nom ?

« Nous avouons ne pas *connaître* et nous ne reconnaissons pas d'autorité établie de Dieu. »

pas « reconnaître » pour vraie l'autorité divine

c'est-à-dire l'histoire sacrée, passe ; d'autres l'ont dit, comme vous, et ont été aussi embarrassés que vous le seriez, pour soutenir une telle prétention ; mais ne pas « connaître » l'autorité divine, c'est-à-dire l'histoire sacrée ! avouez, Monsieur, que c'est trop fort. Que signifie ne pas « reconnaître » une chose qu'on ne « connaît » pas ?

Qui « nous ? » Sans doute, tous les révolutionnaires passés, présents et à venir, et conséquemment Moïse et Jésus-Christ.

Savez-vous, qu'en fait d'honnêteté, vous voudriez vous faire la part belle ! Comment ! Moïse et Jésus-Christ seraient non-seulement des révolutionnaires, mais encore des révolutionnaires menteurs, et vous tous des révolutionnaires véridiques ! car enfin vous savez que c'est Moïse qui a écrit la partie de l'histoire sacrée qui vous concerne d'une manière toute particulière et que, dans l'Évangile, il y a une page qui regarde les renards.

Vous feriez bien, monsieur le rédacteur, d'informer le million de vos lecteurs qu'il peut faire l'échange du syllogisme extrait de votre article avec le syllogisme que voici :

Les révolutionnaires ne croient pas à l'autorité divine ; or, Moïse et Jésus-Christ sont l'autorité divine elle-même, donc ils ne sont pas révolutionnaires.

Vous demanderai-je pourquoi vous prétendez à tant de clarté quand il vous faut tant de détours et tant d'obscurité pour ôter du cœur du peuple, du cœur du peuple, comprenez bien, des consolations dont personne ne peut se passer, et lui moins que tout autre ?

Qu'est-ce qui peut vous forcer, si vous ne pouvez suffisamment isoler votre esprit de la matière pour croire à l'autorité divine, à attaquer cette croyance chez les autres, en donnant la preuve la plus manifeste de votre impuissance ?

Puisque l'autorité divine ne peut être ébranlée en Moïse, et que Jésus-Christ est Dieu, voudriez-vous, pour

le moins, avoir démontré qu'il peut y avoir des révolutionnaires de toute espèce, des révolutionnaires croyant
à l'autorité divine et des révolutionnaires ne croyant à
aucune autorité? je vous dirais alors : La langue que nous
parlons, faite de logique, n'accepte pas votre démonstra-
tion; elle ne veut pas que le nom de révolutionnaire s'applique à tout le monde, s'applique en même temps à
vous, à Moïse et à Jésus-Christ, de même que, et pour
une raison au moins aussi grande, elle ne veut pas que
le nord soit le midi, et les antipodes une et même chose;
et la logique et la vérité disent que s'il faut absolument
faire une comparaison entre un révolutionnaire et Moïse,
elle sera blessante pour le génie que Dieu guidait.

Donc, entre un révolutionnaire et Moïse (je ne dis pas
encore que ce révolutionnaire soit vous), il y a la même
différence qu'entre celui que la raison et Dieu conduisent
et celui qui ne peut pas même avoir dans son cœur la res-
ponsabilité de ses actions devant Dieu; la même différence qu'entre l'erreur et la vérité; la même qu'entre le
mal et le bien ; la même encore qu'entre l'idée de Dieu et
l'idée de néant!

Et qu'y ferai-je, moi, s'il plaît à certaines personnes de
prendre le nom de révolutionnaire? qu'y ferai-je si tout
est dans les cœurs, et si révolutionner veut dire *retourner
sens dessus dessous?*

Retourner sens dessus dessous quoi? Si ce n'est pas les
cœurs, ce n'est rien faire ; or, comment retourner les
cœurs sens dessus dessous, depuis que Jésus-Christ y a
mis la justice éternelle et la vertu, si ce n'est en mettant
le néant à la place de Dieu et le crime à la place de la
vertu?

Et si vous ne savez pas que la vérité est avant tout
l'être, et que l'erreur est le néant; que l'idée d'éternelle
justice est le fondement de toute société, et que de l'idée
de néant ne sortira jamais la vie, qu'y faire?

Et dans le cas où vous ne sauriez pas, de même que

M. Renan, « si la vérité est triste » ou riante ; qui des deux, de l'erreur ou de la vérité est Dieu ; ou bien qui, des deux encore, du néant ou de la vérité est Dieu ; dans le cas enfin où vous ne sauriez pas même si Dieu est le néant, ou si le néant est Dieu, qu'y faire encore ?

Et si, même quand il est membre de l'Institut, un révolutionnaire ignore de telles vérités, faudra-t-il pour cela ne plus croire aux fondements de la raison et se laisser affaisser dans l'abîme ?

Et si je prouve à messieurs les journalistes révolutionnaires qu'ils sont les protecteurs de quiconque nie Dieu, cela ne voudra-t-il pas dire qu'ils le nient tous dans leur cœur ?

Pourront-ils alors baptiser de leur nom Moïse et Jésus-Christ, et sera-ce les pasteurs ou les révolutionnaires qui auront tort ?

Voilà, Messieurs, pour la première partie de votre programme.

Messieurs, ne connaîtriez-vous pas l'égoïsme, l'orgueil, l'inflexible logique de la peur des hommes, sans Dieu ? ne connaîtriez-vous pas l'horrible peur de quelques triumvirs sur le silence des peuples ? ne connaîtriez-vous pas, surtout, la peur plus horrible encore d'un seul sur le silence de tous ? ne connaîtriez-vous ni Antoine, ni Lépide, ni Octave, ni Néron ?

Regardez bien cet homme ; appliquez bien vos cœurs et vos esprits à bien comprendre, à bien sonder ce point concentré du malheur ; considérez-le bien dans son principe, dans les moyens qui l'ont produit et en lui-même.

Le principe d'où il vient, n'est-ce pas l'obscurcissement, l'entière dégradation, par la force, de l'idée de Dieu ? les moyens qui l'ont produit ne représentent-ils pas des siècles d'égorgements, jamais interrompus ? considéré en lui-même, n'est-il pas l'effroi de l'humanité ? qui pouvait vivre, qui pouvait respirer ?

Consultez Tacite, et dites avec lui : « L'homme n'était

plus homme. » Tout se résumait en un horrible tableau , représentant le plus malheureux des hommes, gardant le reste de l'humanité dans la boue.

Ne pourriez-vous imaginer maintenant ce que tout cela pouvait être à côté de la liberté sainte? et est-ce bien là enfin la ruine des ruines, comparée à l'homme, activité, puissance, devoir, triomphe, mérite, transfiguration, le soi, par la liberté et pour la liberté, devenu fusion, combustion spirituelle avec l'esprit infini ; le souverain bonheur, le souverain amour, qui ne peut être que l'affi-nité, dans la liberté, du bien avec Dieu [1].

Pendant 2,500 ans, Ninive, Babylone, Memphis, Rome furent tour à tour le tombeau de l'humanité.

Voilà où nous étions, il y a 1,862 ans. Qui nous tendit la main et nous releva? Jésus-Christ.

Écoutez donc et entendez la voix sortie du fond du désert; comprenez donc bien tout ce que renferment ces simples et infinies paroles : « Notre Père qui êtes aux cieux ! » oh ! arrivez à les bien comprendre et dites, du fond du cœur : Quels hommes nous serions, si nos âmes étaient remplies d'une telle espérance? pauvres, quelles grandeurs de la terre pourraient se comparer à nos gran-

---

[1] Sait-on ce qu'est l'idée de puissance, chez l'homme, sans l'idée d'obstacle? Zéro. Sait-on ce qu'est l'idée de levier, sans l'idée de résistance? Zéro. Sait-on ce qu'est l'idée de triomphe, sans l'idée de puissance et d'obstacle? Zéro. Sait-on ce que devient l'idée de valeur, ou de mérite, sans l'idée d'une puissance infinie, en justice et en amour, qui nous laisse tomber de son sein? Le crime. Dieu même ne peut faire les choses sans leurs conditions d'être ; il ne peut faire un bâton sans deux bouts, pas plus que la puissance sans la résistance, pas plus que l'homme sans la liberté.

Si on comprend cela, dira-t-on encore : Si Dieu existait, il nous aurait faits heureux. N'a-t-il pas créé, sous toutes les formes et à tous les degrés, depuis le ver informe jusqu'au lion roi, assez de bêtes, pour répondre à cette objection, et faire comprendre que toute la nature n'est que le ciment d'une demeure, faite d'os et de chair, et la scène de celui qui prononce une parole que rien dans toute la nature, excepté lui, ne peut comprendre, et dont la signification représente un être à qui Dieu, dans sa toute-puissance, a donné, pour enveloppe spéciale, un atome, et que l'univers ne saurait remplir; et cette parole est : Je, ou moi?

deurs? maîtres du monde, que de trônes ne donnerions-nous pas, s'il nous fallait les donner pour ne pas porter dans notre cœur le remords du crime de Caïn?

Et si cette céleste et divine rosée était dans vos âmes, aurais-je à comparer les lèvres aimées de vos mères, qui tant de fois répandirent, pour vous, dans l'air, le nom béni de Dieu, à des lèvres malheureuses? aurais-je à vous demander où est l'âme de la liberté? aurais-je à vous dire : est-elle dans la bouche de vos mères, ou dans la bouche de Néron?

Auriez-vous la liberté, si vous croyiez à la justice éternelle?

Messieurs, ai-je bien le droit de parler ainsi?

Voulez-vous avoir la bonté de me montrer la seconde partie de votre programme?

Qui représente là l'âme de votre liberté ! Voltaire ! Renan ! et que sont ces hommes ! quel est le Dieu de Voltaire ? L'inconnu. Quel est le Dieu de Renan? L'inconnu; pas la moindre idée de Dieu. A la philosophie, on n'a plus à demander que des échappées sur le système général de l'univers. Et quelle est la conséquence d'un tel savoir? La négation de toute réelle justice, de toute réelle conscience, de toute confiance en ses semblables ; la négation de tout l'ordre moral. Et qui ne sent, en effet, que s'il n'y a pas un Dieu devant qui nous soyons responsables de nos actions, toute la valeur de l'être consiste, comme celle de la brute, à arriver par tous les moyens possibles à la satisfaction de nos sens, et que, quand l'intérêt des sens l'exige, tuer son semblable est vertu et la seule ?

Et que signifierait, sans cela, révolutionner? Renverser des gouvernements, pour un simple changement de personnes? cela s'appelle se mettre, tel qu'on est, à la place des autres.

Si le mot révolntionner, signifie quelque chose, il faut qu'il signifie changer, retourner les cœurs ; et, je le répète, comment retourner les cœurs, depuis que Jésus-

Christ y a mis Dieu et la vertu, si ce n'est en mettant le néant à la place de Dieu et le crime à la place de la vertu ? et il faut avouer, qu'en fait de mal, vous êtes supérieurement conséquents ; vous patronez Renan , même quand il vient, en plein Collége de France, se creuser le cerveau pour trouver et débiter ce qu'il ose appeler des *nuances* et des *délicatesses* propres, apparemment, à initier le cœur de la jeunesse au calme nécessaire en présence du néant ! Et lorsque le ministre suspend son cours, vous êtes furieux.

Quel est donc celui de vous, Messieurs, qui, il y a déjà deux ans, après avoir prétendu que tous ceux qui avaient soutenu les religions, depuis que le monde est monde, étaient comme des bouchers défendant les priviléges de leurs boutiques, nous annonçait, en même temps, une religion enfantée par son cerveau? On ne savait pas encore alors qu'il était disciple de celui qui a mis de côté « l'absolu,» c'est-à-dire Dieu, et on a dû attendre la bonne nouvelle; mais, aujourd'hui , pourra-t-on lui demander avec quelles divinités on fabrique, au XIX\ :sup:`e` siècle, les religions?

J'espère que la sœur, l'épouse, la mère, nos joies, nos rayons doux, nos rayons chéris; que la femme enfin, qui fait tout, qui crée et féconde le cœur de l'enfant et le cœur de l'homme ; dont l'absence est la sécheresse et la présence l'amour divin, depuis qu'elle a pour modèle Marie ; j'espère que la femme sera bien traitée dans votre religion , monsieur le révolutionnaire; car j'ai lu dans le plus distingué de vous tous (Michelet) « que tout y était à refaire; » ce qui devrait le mettre un peu plus d'accord avec saint Thomas d'Aquin, auquel il ose faire dire : « Que Dieu avait dû se tromper en la faisant, » et l'empêcher de conclure que *tous les ouvrages du grand théologien ne valent rien.*

Je voudrais savoir si les *amis, à leur mort, se réuniront avec autant de facilité et aussi vite que les fluides d'une étincelle électrique.*

Ainsi, il est bien entendu que tout se passe entre Dieu, d'un côté, et la négation de « l'absolu, » c'est-à-dire le néant, de l'autre ; que les catholiques marchent avec Dieu et les révolutionnaires avec le néant.

Cependant, si je regarde encore dans votre programme, j'y trouverai aussi l'Évangile, l'Évangile ouvert à cette page divine : « Mon royaume n'est pas de ce monde. »

Et vous concluez, à l'instant, que s'il n'est pas à Jésus-Christ, le monde est à vous ; oui, Messieurs, vous concluez cela, vous qui ne croyez pas à ces paroles, vous qui ne les pratiquez pas ; vous qui ne les prononcez que pour faire le contraire de ce qu'elles disent, en tout, partout et toujours.

Car ces paroles de Jésus-Christ veulent dire que son royaume est dans la demeure de son Père, et que, pour nous tous, sa divine morale consiste dans le plus pur détachement des choses de ce monde, pour celles du ciel.

Vous, Messieurs, vous devez nécessairement croire, qu'excepté le Pape, tout le monde peut gouverner sans l'unique condition d'être le meilleur de tous et conséquemment le plus détaché, pour soi-même, des biens de la terre et le plus avare de la justice, pour les intérêts des autres.

Et vous les prononcez ces paroles divines ! et, au nom de Dieu même, vous demandez la séparation du spirituel et du temporel des papes ; oui, vous demandez cela, vous dont le Dieu est encore dans la coque et qui, probablement, ne reconnaissez que la matière, et, conséquemment, que ses produits.

Ah ! hommes ! vous frisez diablement le titre de machines passives d'une nature machine ! si vous étiez capables de croire que le spirituel est un produit de la matière, dans ce cas même n'en demandez pas la séparation ! Refaites donc la langue, si vous voulez exprimer vos idées ; ne voyez-vous pas que celle que nous parlons s'y refuse ?

Mais comment referiez-vous la langue, vous laissât-on

maîtres jusqu'à la fin des siècles? et si vous ne pouvez-
pas, que demandez-vous contre Jésus-Christ?

Oui, que demandez-vous? que voulez-vous? Séparer?

Eh bien! voyons ce que vous entendez par ces mots :
séparer le spirituel du temporel? voyons si vous ne serez
pas forcés, pour arriver à un but impossible, de changer
complétement le sens du mot *séparer*, de prendre ce mot
dans un sens inverse, d'en renverser totalement la signification? Voyons si *séparer* ne sera pas une de ces expressions qu'on tourne et qu'on retourne, et qu'on jette en
pâture au peuple, selon les temps, les lieux et les circons-
tances? Il le faut, car je vous ai assez prouvé déjà que
vous ne pouvez être que le sens renversé, dans tout l'ordre moral.

Ce Néron, dont je viens de vous parler, ne représentait-
il pas un terrible spirituel uni à un terrible temporel? car
vous savez que, de son temps, il y avait les dieux de l'empire, et que lui seul en interprétait les volontés quand, en
leur nom, il faisait dévorer et écorcher vivants les chré-
tiens.

Et je n'ai pas, sans doute, besoin de vous dire qu'en
fait de dieux, plusieurs dieux n'en font pas un, et inutile
de vous répéter que c'était la force qui avait ainsi défiguré
l'idée de Dieu.

Mis en présence d'un tel spirituel et d'un tel temporel,
je ne vous demanderai pas si on vous eût vus tous, à cette
époque, rangés, dans le cirque, du côté des martyrs de
la liberté et jusque sous la dent même des lions ; non,
Messieurs, non; je demanderai simplement à l'un de vous,
et qu'il se nomme Émile de Girardin, Louis Jourdan,
Guéroult, Peyrat, Michelet ou le P. Enfantin, ou Renan,
ou Voltaire, etc., peu importe; je lui demanderai :
Qu'auriez-vous imaginé pour vous tirer de là?

Auriez-vous voulu détruire ce spirituel, ou le séparer
du temporel? ou bien, auriez-vous préféré, *comme homme,*
faire une religion nouvelle? ou bien encore, auriez-vous

mieux aimé, en tant qu'*homme* toujours, comme vous prétendez que Jésus-Christ l'a fait, tandis que nous croyons nous, qu'il l'a fait étant Dieu ; auriez-vous mieux aimé, en apportant des grâces nouvelles, rendre plus pure et plus céleste la loi de Moïse? et, après avoir donné la loi nouvelle, après l'avoir mise dans un grand nombre de cœurs, par la douceur de la parole de vos disciples, par le doux sacrifice de leur vie, par une éclatante héca-tombe de onze millions de martys, n'auriez-vous pas voulu, vous leur chef, mettre au moins, évangéliquement parlant, votre vicaire à l'abri du martyre? n'auriez-vous pas voulu que le Pape, la tête de votre Église, de votre enseignement, la tête de l'association spirituelle des hommes *contre la force*, au nom de la divine morale, qui est la *liberté*, n'auriez-vous pas voulu que le Pape fût établi quelque part, sur un coin de la terre, dans la plus grande indépendance possible, pour répandre de là, plus efficace-ment votre parole sur le monde?

N'auriez-vous pas voulu que votre Église fût établie? et qu'auriez-vous donc voulu, si vous n'aviez pas voulu cela? pourquoi tant de sacrifices? et que seriez-vous venu faire, *ô homme?* et que voudriez-vous, si vous arriviez à renverser Jésus-Christ? Ah ! c'est alors qu'on verrait de jolies fabriques et de jolis fabricants de religions! N'avez-vous pas peur et honte !

Je vous disais : N'auriez-vous pas voulu que votre Église fût établie?

Et lorsque le peuple, comme nous le dit Gibbon, l'histo-rien le plus recommandable de ce temps, voulut être gou-verné par le Pape, auriez-vous conseillé à votre représen-tant de refuser ce gouvernement, dans la crainte d'unir un temporel à son spirituel? auriez-vous préféré, pour tout re-mède, que le spirituel restât toujours à la force des Césars?

Entre un spirituel confondu dans la force matérielle des Césars, et un spirituel uni à un temporel, à peine suffi-sant pour donner à un chef spirituel l'indépendance, dans laquelle de ces deux alternatives, dans lequel de ces deux cas auriez-vous trouvé l'esprit, le spirituel plus à l'abri de la force et de la matière et plus séparé du temporel ?

A vous tous, Messieurs, qui avez perdu courage, qui n'avez jamais assez aimé ni assez combattu pour arriver à comprendre Dieu, dans la juste mesure du mérite et de la liberté ; à vous tous qui n'êtes pas les invaincus, à vous tous qui n'avez jamais cueilli ni fleurs, ni graines mûries dans l'âme, pour les répandre sur l'humanité entière en pain de toute espèce, en espérance sublime, ou en bouquets magiques ; à vous tous qui n'avez jamais senti le jet qui monte jusque dans l'éternité, voilà ce que demande un pauvre photographe, avec le seul rayon de lumière dont il se sert tous les jours, pour faire ses portraits ; avec un rayon de lumière mêlé aux voix du Sinaï et de Bethléem, mêlé à deux derniers regards, mêlé au bruit de deux dernières pelletées de terre.

Et il est évident, Messieurs, que c'est dans le dernier cas, c'est-à-dire, dans le Pape-Roi, que vous auriez trouvé l'indépendance de l'esprit, et conséquemment, l'esprit séparé, le plus possible de la matière ; vous l'y auriez trouvée, comme vous trouveriez votre âme unie à votre corps, si vous vouliez vous en donner la peine.

Au besoin, votre titre de révolutionnaire, dont vous faites honneur à Jésus-Christ même, m'autoriserait à croire que vous n'auriez pas balancé dans le choix.

Vous auriez donc établi l'Église dans l'indépendance du Pape, en lui donnant un coin de terre, seul et unique moyen. Car tout le monde comprend l'absurdité d'un chef spirituel sous un chef temporel, et de n'importe quel chef sous un chef.

Et qu'aurait signifié alors : séparer ?

Il aurait signifié soustraire le spirituel du chef de l'Église à la puissance des Césars.

Et ce coin de terre à qui aurait-il, à jamais, appartenu ? Au monde. Jamais plus ni à trois, ni à vingt millions, et malgré toutes les cabales, parce que deux cents millions d'âmes valent plus.

Et que signifierait, aujourd'hui, *séparer*, si on voulait vous croire ?

Séparer voudrait dire remettre le spirituel sous la puissance terrestre ;

Séparer voudrait dire unir le spirituel au temporel des rois ;

Séparer voudrait dire, aujourd'hui, remettre les choses comme elles étaient, il y a dix-huit cent soixante-deux ans.

Voilà comment de séparer on fait unir, et comment d'unir on fait séparer.

Et comment encore : *Marche ! marche ! marche !* signifie : *Recule ! recule ! recule !* de dix-huit cent soixante-deux ans.

N'y aurait-il qu'à remplacer l'Église par le droit de M. Émile de Girardin ? Droit qui n'est, en principe, que la négation de Dieu et de tout droit, et en pratique, qu'une stupéfiante réciprocité, *sans comptable*, et le plus outrageant mépris fait à l'intelligence humaine.

Pour des hommes sérieux, là ne peut être la question. La question, la voici :

Avez-vous un meilleur livre que l'Évangile ? Si vous l'avez, montrez-le. Si vous ne l'avez pas, si vous n'avez rien, absolument rien, si vous n'avez qu'une compilation de maximes de philosophes sans autorité, que chacun pourrait faire, et que personne ne pourrait garder le lendemain ; si vous pouvez arriver enfin à être convaincus qu'on ne persuade que par la douceur de la parole, unie au sacrifice de la vie ; que c'est là le premier signe de l'honnête, prenez l'Évangile et faites mieux que n'ont fait onze millions de martyrs, réunis à tous les vrais génies et à Jésus-Christ, pour conquérir à un chef que l'épée de l'opinion seule, et non ses armes, garde et protége, le droit de parler, au nom de Dieu, à deux cents millions d'âmes, qui toutes convergent vers lui, sous un enseignement organisé, et qui toutes, à peu d'exceptions près, donneraient plutôt la vie que d'apostasier et de perdre ainsi leur âme et la seule garantie de la liberté du monde.

Veuillez donc, je vous en supplie, cesser de prononcer, comme vous faites, les paroles divines : « Mon royaume n'est pas de ce monde ; » elles ne seront à votre bon usage que lorsque vous ferez ce que je viens de vous dire.

Veuillez ne plus parler de *séparer*, vous ne comprenez pas cette expression ;

Veuillez ne pas dire qu'on marche en avant, quand on recule de dix-huit cent soixante-deux ans.

Et quand vous savez que les mêmes causes produisent, partout et toujours, les mêmes effets, veuillez, je vous en supplie encore, ne pas essayer de refaire le passé dans son principe.

Voudrez-vous ne plus dire aussi que le catholicisme est la source de toutes les guerres ; qu'après lui, il n'y aura plus ni Cambyses, ni Alexandres, ni Césars ; que les prêtres, les cléricaux, les ultramontains (pas à votre manière, grand Dieu !) si mauvais aujourd'hui, à vous entendre, ne seront partout que des Desgenettes, des Ravignan, des Petétot, des Lacordaire ?

Car il me semble que, déjà aujourd'hui, de quel côté que je tourne les yeux, ce n'est presque que dans les rangs des prêtres que je vois la réelle valeur poussée jusqu'au martyre et à la sainteté.

Vous ne me parlerez pas non plus de la chance de vie des oppositions religieuses ; car vous savez trop bien ce que peuvent devenir les oppositions, quelles qu'elles soient, protestantes, schismatiques ou politiques, lorsque le gouvernement, le réservoir puissant auquel elles s'abreuvaient, se trouve renversé, tari, desséché.

Mais il me semblait qu'on comprenait ce que j'ai l'honneur de vous dire, et que vous le compreniez vous-même, lorsqu'on soutenait qu'on était à la recherche d'un terme moyen entre roi et sujet, qui, tout en assurant l'indépen-

dance du spirituel, allégerait le Saint-Père du lourd fardeau temporel ?

On aurait donc fini par s'apercevoir de l'impossibilité, en telle matière, et le but serait manqué ? et tout, jusqu'au terme moyen des Passaglia, cette indépendance de l'Église dans l'indépendance de l'État, absurde définition d'un gouvernement composé de deux forces antagonistes ; tout, jusqu'au *non possumus*, « serait confondu, » comme autrefois, « dans l'ordre des pouvoirs civils ? »

Eh bien ! cela vaut infiniment mieux, parce que, au moins, il y a là les conditions de la clarté ; on voit au moins par là que vous êtes des hommes habiles en fait de liberté !

Et si, comme vous l'entendez, le Saint-Père voulait abdiquer ce qui ne s'abdique pas ; s'il voulait abdiquer sa foi, sa conscience, son *non possumus,* et deux cents millions d'âmes, dont le nombre va grandissant sans cesse ; s'il voulait faire tout cela, en devenant l'homme doux et soumis qui se prête aux exigences des idées avancées du cœur d'un grand roi et aux *vôtres*, pas même les convenances et la délicatesse modernes ne vous empêcheraient pas d'accepter ?

Qui mettrait alors le dernier visa aux mandements, faits pour les enfants de Dieu répandus sur toutes les parties du monde ?

Serait-ce le Pape, ou le maître, roi ? La réponse est inutile.

Et qu'avons-nous affaire, nous, enfants de Dieu, des mandements du roi d'Italie ?

Et c'est bien au nom de la logique, de la justice, de la délicatesse, de la vérité, de la liberté et du salut de nos âmes, que tout cela lui aurait été demandé, dites-vous, avec douceur, mansuétude et respect ?

Et le Pape n'y a pas consenti ?

Avouerez-vous, Messieurs, que si tout ceci n'était pas si effroyable, ce serait fort curieux ?

Et quel crime nouveau a donc pu commettre la race

humaine pour la forcer à entendre de telles paroles, et pour que les esprits, réduits à argumenter contre l'impossible, soient comme suspendus, dans le monde entier, sur l'abîme?

En serait-il ainsi si l'antique Babel, la terrible faiseuse de fausses étiquettes, n'avait pas reparu sur la terre?

Pape, vous le savez sans doute maintenant, signifie avant tout indépendance; ôtez l'indépendance, il n'y a plus rien; ôtez, aujourd'hui surtout, le territoire, il n'y a plus rien.

Le Pape, malgré les malheurs attachés à l'homme où qu'il se trouve, est l'être le plus élevé de la terre.

Pour être le plus bas, il n'a qu'à faire ce dont vous le menacez; et celui qui lui écrirait pour le prier de devenir le sujet d'un roi, ne comprendrait rien ni aux choses de Dieu ni aux choses du monde; il ne serait pas même digne d'écrire la suscription de sa lettre, qu'il ne comprendrait pas.

Le seul moyen, après de grands et terribles malheurs, de rendre la paix à l'Europe; le seul moyen de faire encore beaucoup pour la malheureuse Italie, qui se meurt dans son exubérance et dans son rêve d'unité, qui n'est maintenant que le rêve de tous les éléments de discorde et de division, c'est d'avoir encore compassion et pitié d'elle, c'est de la délivrer de ce rêve, en l'aidant à fonder sa confédération, comme nous l'avons délivrée de l'étranger par l'épée heureuse, dévouée et vaillante de notre Empereur.

Il n'est pas possible d'unir maintenant au Piémont des villes incendiées;

Il n'est pas possible d'unir maintenant au Piémont des femmes héroïques rangées autour d'un crucifix, priant, en attendant d'être dévorées par les flammes, et jetant le mépris et l'horreur sur des mains piémontaises qui voulaient les sauver!

Dans le cas cependant où l'on croirait l'union possible,

Milan n'est-il pas là ? Et si on veut que, dans quelques années, l'Italie soit unie et grande, la plus grande peut-être encore de toutes les nations ; car vous savez que là, ni terrain, ni climat ne manquent ni à la toge, ni à l'épée, ni au génie, on n'a qu'à donner au Pape, avec ce qui ne serait que la petite réparation de trop grands torts, une garde d'honneur européenne, qui ne serait, à son tour, que l'expression de réelle intelligence, de justice, de reconnaissance et d'amour que doivent les rois à l'Église qui les a faits et qui seule les soutient.

Où seraient alors les éléments de conservation et de splendeur de l'Église ? En Italie.

Tant qu'on ne voudra pas cela, rien ne rentrera dans l'ordre.

Rien ne s'y oppose, en réalité ; tout semble, au contraire, y concourir : promesses officielles des ministres, avant, pendant et après la guerre d'Italie, garantissant les États du Saint-Siége ; lettres, proclamations, honneur de l'empereur Napoléon III, apposé avec sa signature au traité de Villafranca, commenté, expliqué par la conférence de Zurich ; rapports rompus avec la cour de Turin par la rentrée de notre ambassadeur en France, après l'envahissement des Marches et de l'Ombrie, réserves prises dans la reconnaissance du royaume d'Italie, raison, justice, religion, deux cents millions d'âmes le disent, le proclament. Tout dit que le bonheur de l'Italie, que la paix de l'humanité ne peuvent être fondés sur les droits lésés du Saint-Père ; tout dit surtout que personne ne peut faire ni de l'éloquence, ni de la bonne politique, ni de la justice, en s'autorisant des injustices passées ; que personne ne peut faire de l'amitié en laissant fouler aux pieds de celui que l'on protége des droits garantis, saints et sacrés ; que personne ne pourrait faire des remontrances à un Pape, qui n'est jamais sorti de la justice, en faveur de celui qui l'a ensanglantée ; non, non, ce n'est pas ainsi qu'on fonde et que voudra fonder celui qui, toujours le premier, dans les grandes détresses publiques, prend son état-major par la boutonnière, et, malgré la fureur des flots du Rhône débordé, le fait entrer, lui le premier, dans une barque, où on ne peut être à l'aise que lorsqu'on sent que Dieu la guide et préservera des flots et du naufrage un cœur impérial, affamé du besoin de secourir le malheur : oh! c'est trop beau, et j'entends déjà la parole de délivrance !

A qui Rome? Au monde.

A qui justice? A l'Empereur, à l'honneur de la France et au Pape.

A qui une garde d'honneur européenne? Au Pape.

A qui encore et toujours des secours utiles? A l'Italie.

La confédération! mais que le Pape seul n'en fasse pas partie, parce que lui, c'est le monde.

Et vous vouliez toucher à ce frêle corps, à ce point le plus élevé et le plus exalté où la raison, la conscience, la foi de l'homme, où Jésus-Christ lui-même se sont réfugiés sur la terre avec la vie, l'âme de la liberté !

Ah! si vous l'aviez renversé, cette fois, sa chute aurait écrasé le monde, et pour le relever il aurait coulé de nos yeux et de nos fronts plus de sueur et plus de larmes qu'il n'en sortit jamais de tout le sang versé des martyrs !

O lumière, ô rayon, apporte toujours l'âme à l'âme !

O voix du Sinaï et de Bethléem, féconde toujours dans les cœurs des amours immortels !

LE PAPE AU SÉNAT

Lorsqu'on est bien convaincu de la nécessité d'un chef spirituel et indépendant, il semble qu'il serait raisonnable de dire : Reconnaître la nécessité d'une chose, n'est-ce pas bien reconnaître la nécessité des conditions qui la font? et reconnaître la nécessité des conditions qui la font, n'est-ce pas bien reconnaître la nécessité de les accepter ? Acceptons-les donc, et ne donnons plus l'exemple de personnes qui les chercheraient en dehors de leur essence.

Recherchons plutôt si le mal, qui n'est toujours qu'une attaque, plus ou moins grande, contre les réelles conditions de l'être, n'en a pas enlevé à l'existence du Pape, le plus grand des êtres sur terre, et conséquemment le plus nécessaire.

Opposons enfin le bien au mal, et chacun et toujours dans la mesure de ses moyens. C'est là notre premier et notre plus grand devoir.

Eh bien ! non, tout le monde ne pense pas ainsi ; et il y a des personnes qui disent : L'administration du Pape est mauvaise, le pouvoir temporel *radicalement impossible*, et qui ne laissent de côté aucun moyen pour arriver à prouver cet impossible.

Et moi je dis : Lorsqu'on est bien convaincu que les bonnes finances font seules les bonnes administrations ; que, qui dit bonnes finances, dit non-seulement agriculture, mais surtout commerce, c'est-à-dire : fabrique, marine marchande, marine de guerre, ruse, force, violence, ouvrant au besoin les ports et les marchés des nations ; que Sidon, Carthage, Venise, Londres, Paris, n'ont toujours été, plus ou moins, que de violents suçoirs de l'humanité ; que, d'après l'aveu des ministres anglais, huit jours de justice dans leur administration seraient la ruine de l'Angleterre ;

Que le Pape, exemple de probité et de charité, avant tout, ne peut arrêter sa pensée ni à l'idée de conquête, ni à l'idée des expédients et des nécessités qu'imposent aux chefs des nations la concurrence et la rivalité du commerce ;

Que le Pape ne peut être que le chef patriarcal d'un peuple agriculteur de deux à trois millions d'âmes, et qu'il ne peut conséquemment être riche ;

Qu'il n'en était pas ainsi avant la réforme : que c'est

elle qui, en s'élevant par ses cris de rage contre les aumônes, budget libre, prélevé sur le monde, et aussi légi-
time et plus nécessaire que tout autre , les a réellement
enlevées au peuple romain, en les enlevant au Pape ;

Qu'alors les aumônes se révélaient dans un Michel-
Ange faisant Saint-Pierre, et dans un Raphaël peignant la
Transfiguration ; qu'alors le peuple romain était heureux ;

Que depuis la fondation de l'Église et surtout depuis
cent ans, le point de mire et le rendez-vous de tous les
efforts de l'impiété est Rome :

Il semble qu'une personne appartenant à un gouvernement catholique et protecteur ne devrait pas jeter un re-
gard si sévère sur l'administration du Saint-Père, qui a
fait tout ce qu'il a pu et n'a commis aucune faute ; qui n'est
jamais sorti de chez lui, qui veut la liberté, non pour quelques personnes, mais pour tout le monde et les siècles,
et qui sait qu'une âme, dans l'éternité, vaut plus que des
milliards de mondes et que toutes leurs joies ;

Il semble qu'on ne devrait pas trouver si extraordinaire
que Pie IX, le modèle des papes et des rois, après avoir
sincèrement voulu essayer du nouveau régime et avoir
vu, à cause de ses bonnes intentions, son ministre poi-
gnardé, ne puisse pas maintenant donner pour pilotes à
la barque de Pierre, déjà si agitée par la tempête venue
des quatre coins du monde, des hommes à constitutions,
remèdes , le plus souvent jusqu'ici , si indigestes que
même les peuples à très-large poitrine ne peuvent les sup-
porter qu'à petite dose, et que, partout où on les a admi-
nistrés, ils sont devenus synonymes de révolutions ;

Il semble enfin que, lorsqu'on entreprend la tâche sur-
humaine de prouver d'une manière radicale l'impossibilité d'un gouvernement qui a le plus duré sur terre, et
qui seul porte dans ses flancs et dans sa nécessité absolue
d'être, et malgré l'ouragan déchaîné, les conditions de
l'impérissable ; il semble que si, *pour un tel motif,* on
exhume de grands et illustres morts à la face du monde

et surtout de la France, qui ne permet, qu'en souffrant, même à la vérité vivante et à la grandeur des intentions de toucher à la majesté de la tombe, on pourrait ne pas remuer des morts qui, vivants, n'ont eu de valeur pour personne, et qui n'ont été que la fatalité de la France.

Quant à moi, je n'accepte pas, et ma conscience et jusqu'à la dernière goutte de mon sang, m'impose l'impérieux devoir de le dire; quant à moi, je n'accepte pas, je ne peux accepter, pour juges de la piété des papes, ni Louis XV, ni madame Dubarry, ni le cardinal de Bernis.

Je récuse d'avance celui dont les mains et le cœur débiles laissèrent mourir la Pologne catholique, quand il pouvait la sauver ; je récuse celui dont les lèvres n'imprimèrent dans l'air que l'impiété, qui alla, de vague en vague, jusque dans la dernière demeure du pauvre, et devait n'en revenir sitôt que pour renverser le trône des Charlemagne, malgré la réelle et sainte valeur d'un roi tel que Louis XVI; je récuse celui qui souffrit, sans le chasser de sa cour, qu'un Français (Voltaire) osât écrire et signer un livre fait pour jeter le ridicule et l'odieux sur la piété de celle à qui lui-même devait sa couronne; sur la piété de Jeanne, ce si pur et si saint enthousiasme de la patrie ; ta vierge victrice et martyre, ô France ! celle que tu ne peux regarder sans devenir grande, et que tu aimes à voir battant et chassant l'Anglais de son pays désolé, déchiré, foulé, abattu comme le vil cadavre des passions intestines et de la brutalité de l'étranger vainqueur, et à qui tu donnes et jettes, pour couronne, tout ton cœur, quand tu la vois sur le bûcher immonde qui la dévore !

Je récuse madame Dubarry.

Je récuse le cardinal de Bernis qui, pourquoi ne pas le dire, tout le monde le sait (ce qui prouve qu'en France ce cardinal a été l'unique dans son genre), avait ramassé son chapeau de cardinal dans les intrigues d'une cour corrompue, et jusque dans la devise pourrie qui ornait l'enveloppe d'un sonnet à madame de Pompadour.

Ces lettres ! écrites de son ambassade à Rome !

Écoute bien, ô lecteur, c'est bien le cardinal de Bernis qui écrit, et n'oublie pas à qui il écrit, et que c'est bien à Louis XV.

« Un des plus grands sacrifices que *je* puisse faire au *Roi*, est de résider dans une cour où le secrétaire d'État, quoique honnête homme, *n'a pas su se rendre maître de la confiance du souverain;* où le Pape, environné de gens qui briguent sa confiance, n'ose *l'accorder entièrement* à personne; où tout est mystères, secrets, manéges (comme partout, monsieur le cardinal); jalousies et soupçons, comme dans les cloîtres et les séminaires (comme partout, monsieur le cardinal). »

Autre lettre..., et n'oublie jamais, ô lecteur, qui écrit, et à qui on écrit.

« Quand on veut s'édifier à Rome, il faut aller aux églises et aux prières des quarante heures; mais il faut bien se garder d'approfondir ni les mœurs du pays, ni les procédés, ni la manière d'administrer la justice et de conférer des bénéfices et les places les plus importantes. :

« On risquerait alors, *si on n'était pas bien ferme sur les principes, d'ébranler sa foi,* ou du moins de perdre l'idée avantageuse qu'on pourrait avoir de la cour des successeurs de saint Pierre. »

Quand on sait bien qui écrit et à qui on écrit et, qu'au milieu de toutes ces généralités, obligées chez celui qui ne peut être que le flair de son maître, on ne trouve qu'un fait précisé, à savoir que ce cardinal, si brave, succombe à son zèle pour son roi, en restant dans une cour où se trouve un pape qui ne peut accorder une entière confiance à son secrétaire d'État, le cœur défaille et la plume échappe de la main. Oh! *les principes!* et qu'est-ce qu'un roi ou un pape qui donne toute sa confiance à n'importe qui? c'est un roi ou un pape fainéant.

Courage cependant, et citons toujours.

« Les premières années de mon séjour à Rome, j'étais

scandalisé de voir plus de propension ici en faveur des puissances qui sont les vraies ennemies du Saint-Siége, qu'en faveur de celles *qui en sont véritablement l'appui.*

...... « On croit à Rome que les cours catholiques ne font que leur devoir quand elles favorisent la cour de Rome, et qu'elles y manquent quand elles n'obéissent pas aveuglément à tout ce qu'elle prétend, ou à tout ce qu'elle croit être en droit de décider. L'habitude de voir ces choses ne m'empêche pas d'en être souvent révolté. Je n'ai pas à me reprocher de ne l'avoir pas fait sentir en plus d'une occasion; mais ce mal est incurable. Je me borne donc à tirer le meilleur parti possible d'un pays où le pharisaïsme, s'il m'est permis de me servir de ce terme, règne plus que partout ailleurs. »

Et même, plus qu'à Versailles, n'est-ce pas, monsieur le cardinal? car, c'est bien toujours à Louis XV et à madame Dubarry, qu'écrit le brave cardinal.

Et quel est donc cet homme? qu'est-ce donc que son inconséquence? qu'est-ce donc que cette ancienne, pédantesque et si visible hypocrisie? n'a-t-il pas l'air de dire, ne dit-il pas que le Pape avait tort de ne pas considérer et de ne pas traiter comme amie la cour la plus démoralisée, à laquelle, lui, de Bernis, s'efforçait de faire croire qu'elle était vertueuse, en lui prouvant, par tout ce qui précède, que Rome était Sodome et le Pape un diable, auprès duquel il ne pouvait vivre?

Le cardinal de Bernis, il est vrai, garde son poste sous l'administration de Louis XVI : comment faire, à cette époque, pour ne pas prendre patience, ou ménager les hommes de *progrès,* déjà si nombreux? Mais, si on trouve encore dans ses lettres quelques expressions peu mesurées et qu'on est bien forcé d'attribuer à son ressentiment contre une cour qui ne pouvait avoir pour sa personne toute la déférence qu'on accorde au mérite, le caractère en est totalement changé, et à la place de tous ces comptes généraux sur la moralité romaine, auprès desquels

Louis XV et madame Dubarry pouvaient se croire l'un un saint et l'autre une sainte, on ne trouve que le tableau de la situation politique dans laquelle la cour elle-même de Louis XVI allait se trouver. Tout était miné, en effet, par la révolution, et la mine, mèche allumée, allait bientôt éclater; il n'en est pas de même heureusement aujourd'hui.

Remarque donc, ô lecteur, le changement de matière et de ton.

« On murmure sourdement à Rome, l'argent manque; il faut perdre 4 pour cent sur les cédules courantes pour les convertir en espèces; les denrées sont au plus haut prix, et les entreprises dispendieuses ne sont pas interrompues (il faudrait dire lesquelles). Des voix séditieuses s'élèvent dans les rues au passage de Sa Sainteté; la plupart des cardinaux et des prélats qui l'approchent, n'osent lui dire la vérité » (quelle vérité?) et son secrétaire d'État se contente de gémir avec quelques amis affidés (quelle autre chose pouvait-il faire?); cette situation deviendra, de jour en jour, plus critique, et je crains bien que le règne de Pie VI ne finisse par lui coûter bien des larmes; mais le mal sera fait, et il deviendra peut-être irréparable. »

Et ce pauvre homme n'a peut-être su qu'à sa mort que lui et Louis XV avaient bien largement contribué à la situation qu'il dépeint?

« Je vois, Monsieur, avec une extrême douleur que *Sa Sainteté s'avilit* » (à côté de *sainteté, s'avilit* est plus en relief, plus littéraire) : « de plus en plus; que la cour de Rome se rend méprisable » (*s'avilit* à côté de *sainteté* n'était pas assez), « au dehors » (par quoi)? « par sa faiblesse et souvent par une *hauteur déplacée* (surtout quand elle s'adresse à sa personne, cette hauteur *déplacée*), « et qu'elle se rend odieuse à ses propres sujets par son mauvais gouvernement. »

Voilà qui est bien compris.

« On a parlé vaguement de quelque tumulte dans la

ville de Vellétrie et de quelque entreprise de la municipalité de Sinigaglia, 1790.... On a trouvé, dit-on, dans les papiers de Cagliostro, une prophétie qui dit que Pie VI sera le dernier Pape et que l'Église perdra son territoire. »

Lecteur, je crois que nous ferons bien d'arrêter le compte du cardinal à Cagliostro; connais-tu Cagliostro? moi, je le connais, et ne veux t'en rien dire. Regarde seulement ses prophéties.

Après les si remarquables lettres du cardinal, je ne suis pas bien sûr de faire une heureuse transition, en tombant, sous le même règne, sur le résumé du secrétaire Milon et sur le marquis d'Aubeterre, ambassadeur à Rome, confirmant, par une lettre du mois d'octobre 1765, le résumé de son secrétaire Milon. Essayons.

Voici le résumé : « l'Annone (c'est-à-dire le grenier d'abondance de Rome) prend le blé où il lui plaît et fixe le prix; c'est ce même bureau qui donne des permissions d'exportation, toujours prohibée; cette permission se paye. Tout le territoire romain est en pacage pour la nourriture des bestiaux, quoiqu'il soit très-bon pour porter du blé. Les propriétaires aiment mieux laisser ainsi leurs biens abandonnés en pacage, et y trouvent plus leur compte qu'à avoir des greniers de blé dont ils ne pourraient se défaire, le plus souvent, qu'avec perte. »

Je dis d'abord au secrétaire Milon : Qui veut trop prouver, ne prouve rien.

Si l'exportation est toujours prohibée, comment peut-elle se payer? si tout le territoire romain est en pacage, où sème-t-on le blé, et comment l'Annone peut-elle en acheter?

Et si, malgré cela, il y a du blé, et que l'Annone puisse en acheter, que signifient ces mots : achète à un prix fixé et comme elle veut. Veulent-ils dire qu'on était tenu de livrer, par force, à l'Annone et à un prix déterminé par l'Annone? qu'il y avait enfin un maximum forcé, comme du temps de la république en France? Ce ne pourrait être, dans tous les cas, qu'affaire de circonstance.

Ou bien ces mots signifient-ils que l'Annone achetait au prix qu'elle jugeait convenable sans forcer personne? Sans doute, ils doivent signifier cela; et, à défaut de la probité des papes et de toutes les inconséquences du secrétaire Milon, ses propres paroles le prouveraient; il dit, en effet, que les propriétaires ne défrichaient pas les pacages, « dans la crainte de ne pouvoir se défaire le plus souvent du blé qu'avec perte. »

Eh bien! monsieur Milon, lorsqu'on *se défait*, avec perte ou non perte, de n'importe quoi, on s'en défait *soi-même*, et cela ne veut jamais dire qu'on y est contraint par la force légale.

Et, puisqu'il en est ainsi, qu'est-ce que tout cela veut dire? Rien, à moins que toutes ces contournées et obscures insinuations, confirmées, sans doute, plus tard par l'ambassadeur, mais envoyées d'abord à Versailles, probablement à son insu, car, s'il en avait eu connaissance, il aurait dû les approuver de suite, ne signifient que le secrétaire Milon n'était que la maladroite, mauvaise et servile langue d'une cour qui, ne vivant que d'air pestiféré, pouvait bien recevoir des admonestations de Rome, et se donner, avec de tels matériaux, le plaisir rusé, adroit et distingué de la réplique moqueuse et railleuse d'une atroce philosophie; car, qui dit philosophie dit raison, et l'homme corrompu ne peut en avoir de bonne.

Après le blé, voyons ce que va nous dire encore le résumé du secrétaire Milon au sujet de l'huile.

« On est obligé de vendre l'huile au bureau établi pour l'acheter. Lui seul l'achète et la vend; il l'achète ce qu'il lui plaît, la revend au détailleur et lui en fixe le prix. Cette huile se conserve dans de grands puits où se mêlent toutes les qualités, ce qui fait qu'elle est toujours trop mauvaise.»

A mêmes paroles sur l'huile que sur le blé, même réfutation; et je n'ajoute qu'un mot : c'est que cette huile, signe d'égalité, était trop bonne pour ce mauvais aristocrate qui la trouvait si mauvaise, et que, toutes les fois qu'une administration voudra, dans un but louable, avoir des greniers d'abondance et des bureaux d'huile, il se trouvera toujours des Milon pour la dénigrer, soit à Rome, soit à Pékin.

Lorsqu'on est bien convaincu, et comment ne pas l'être, que Jésus-Christ seul a renversé l'empire du monde; que lui seul a détruit, dans leur racine, la force et l'esclavage; que lui seul l'a fait en fécondant bien dans le cœur une seule parole : Dieu! il semble qu'on devrait être bien convaincu aussi que celui en qui s'est révélée une telle puissance, ne sera pas seulement renverseur ou fondateur périssable; qu'il sera fondateur d'une arche faite de cœurs et d'essence divine, et que cette arche d'alliance nouvelle, ce réservoir puissant et éternel de l'idée pure de Dieu, sera l'Église de Jésus-Christ, contre laquelle pourront se révolter encore les ignorants des choses divines, même au nom de la liberté; contre laquelle viendra se heurter, de siècle en siècle, toute puissance qui voudra dépasser les conditions de l'équilibre européen, créé par elle; mais contre laquelle viendront s'anéantir tous ceux qui voudront absolument passer outre, sans elle et contre elle, à l'unité européenne, parce qu'elle seule tire les conditions d'une puissance invincible de Jésus-Christ et des cœurs qu'elle féconde; qu'elle seule est la forteresse qu'on ne peut ni tourner, ni surprendre, ni saisir, ni foudroyer; parce qu'elle est le point de ralliement, le phare, toujours allumé, de la justice; et qu'ainsi, elle seule peut faire l'unité européenne et celle du monde, et qu'on ne saurait l'en empêcher, à moins d'arriver à détruire son Dieu dans le cœur de l'homme.

Il semble aussi qu'on ne devrait pas trouver si étonnant que Chateaubriand ait fait *les Martyrs, le Génie du christianisme, René, Atala;* que toute sa vie ait été consacrée au soutien de l'Église, et que, dans un moment de vertige, dans un de ces moments où l'on cherche bien loin, en politique, ce qui est toujours si près, il ait fait l'article, cité de lui, sur l'Italie, article qui ne signifie rien, et l'impossibilité actuelle de l'unité de l'Italie le prouve. Faudrait-il s'étonner davantage de l'article cité de ses *Mélanges historiques*, dans lequel il semble avoir totalement oublié qu'on naît aussi ignorant maintenant qu'au commencement du monde et qu'on meurt tous les jours ; qu'il faut un gardien sûr et fidèle de la parole de Dieu, dont l'humanité peut moins se passer qu'un jardin de jardinier et que le bon vin d'un bon cellier, car c'est là le motif et le fondement de l'Église.

Il semble encore que, si le plus grand poëte du siècle, Lamartine, a voulu prononcer à la Chambre des députés les paroles citées par le prince Napoléon ; s'il a voulu les prononcer au moment où il venait de faire *les Girondins,* et où sa puissance débordait le gouvernement de juillet, on ne doit rien trouver là non plus de si extraordinaire.

Ne pouvait-il alors avoir déjà en espérance et en perspective, qui sait, peut-être la présidence d'une république européenne ? On n'est pas grand poëte sans enthousiasme et exaltation, et président d'une telle république, sans promettre beaucoup aux partis, et sans craindre d'avoir à se heurter contre les vues de l'Église, à ce sujet.

Si je me permettais de demander à l'immortel auteur des *Méditations* ce qu'il aurait voulu mettre à la place de ce qu'il critiquait, à part la république européenne, il serait peut-être embarrassé ; et pourtant il sait bien qu'il n'y a pas de bonne critique sans remède indiqué, et que si on met de côté cette condition, tout le monde peut en faire.

Et si Dieu avait voulu faire tout un siècle de génies et le mettre tout entier au service de la gloire d'un roi, trop longtemps en lutte avec le Saint-Siége, et trop longtemps le séducteur des la Vallière, qu'y aurait-il d'étonnant que son ambassadeur à Rome, le duc de Chaulnes, eût prédit, déjà alors, la chute du gouvernement politique des Papes ?

Et si, après cela, ce grand roi ne vivait que pour voir, à la fin de son règne, la France à deux doigts de sa perte ;

si, devenu fanatique, il s'essayait aux cruautés des Charles IX, en dispersant les jansénistes et en mitraillant les protestants des Cévennes, n'y aurait-il pas de quoi frémir de le voir, à sa dernière heure, sans un ami qui lui ferme les yeux?

Après Moïse et Jésus-Christ, il avait plu à Dieu de faire le plus grand génie des temps et de lui faire dire, quand la plus belle étoile brillait pour lui au ciel : Ni à Vienne, ni à Madrid, ni à Paris il ne peut être Pape! dignes paroles, sorties d'une bouche faite pour commander.

Ah! pourquoi, quand il eut perdu ses clartés, voulut-il faire un Mémoire contre ses propres paroles!

Mon Dieu! avant d'écrire, je n'ai regardé qu'un vaste incendie, que des flocons de neige qui tombaient et glaçaient mon cœur, qu'un monstre arrachant une épée!

Je n'ai vu qu'un immense génie, un Pape, une prison, un rocher!

Je n'ai vu que des lèvres, enfin calmes, heureuses, bien réconciliées, pressant, avec amour, un crucifix!

Après cela, je ne vois plus rien!

Je ne vois ni nous, ni saint Bernard, ni sainte Catherine de Sienne, forcés de redire, par le malheur des temps :

O Père, ô Saint-Père, reprends ton bâton de pèlerin!!!

J'ai dit quelles précautions il fallait et il faudra toujours prendre pour conserver et fortifier, dans le cœur de l'homme, l'idée d'éternelle justice, sans laquelle il n'y a rien. Rien, excepté la force et l'esclavage.

Et j'espère que, malgré l'éternelle et très-pitoyable habitude prise, on n'opposera pas l'infirmité humaine au principe, car ce serait le nier et ne pas vouloir ouvrir les yeux pour voir que, dans les faits, des différences infimes sont en sa faveur.

Qu'est-ce que la liberté? — L'union des esprits contre la force.

Quelle est l'unique base de l'union des esprits? — La justice éternelle.

Qu'est-ce que l'union des esprits sans chef suprême? — Le malheur.

Ne pas vouloir les conditions qui seules font un tel chef, c'est vouloir les guerres de l'antique esclavage.

Paris. — Imp. Remquet, Goupy et Cᵉ, rue Garancière.

9 782012 835399